BEI GRIN MACHT SICH IHR WISSEN BEZAHLT

- Wir veröffentlichen Ihre Hausarbeit, Bachelor- und Masterarbeit

- Ihr eigenes eBook und Buch - weltweit in allen wichtigen Shops

- Verdienen Sie an jedem Verkauf

Jetzt bei www.GRIN.com hochladen und kostenlos publizieren

Einfluss der Persönlichkeit auf die Bewältigung der verschiedenen Lebensbereiche

Lea Schlindwein

Bibliografische Information der Deutschen Nationalbibliothek:

Die Deutsche Nationalbibliothek verzeichnet diese Publikation in der Deutschen Nationalbibliografie; detaillierte bibliografische Daten sind im Internet über http://dnb.d-nb.de abrufbar.

ISBN: 9783346539687
Dieses Buch ist auch als E-Book erhältlich.

Druck und Bindung: Books on Demand GmbH, Norderstedt Germany
Gedruckt auf säurefreiem Papier aus verantwortungsvollen Quellen

Das vorliegende Werk wurde sorgfältig erarbeitet. Dennoch übernehmen Autoren und Verlag für die Richtigkeit von Angaben, Hinweisen, Links und Ratschlägen sowie eventuelle Druckfehler keine Haftung.

Das Buch bei GRIN: https://www.grin.com/document/1151968

Einsendeaufgaben

Einfluss der Persönlichkeit auf die Bewältigung der verschiedenen Lebensbereiche

abgegeben am 8. April 2019 im Prüfungssekretariat

SRH Fernhochschule

Modul: Persönlichkeitspsychologie

Studiengang: Psychologie (B.Sc.)

von

Lea Schlindwein

Studiengang: Psychologie (B.Sc.)

Abkürzungsverzeichnis

bzw.   beziehungsweise

BGM   Betriebliches Gesundheitsmanagement

Hrsg.   Herausgeber

Jg.   Jahrgang

vgl.   vergleiche

Abbildungsverzeichnis

Tabellenverzeichnis

Die Arbeit enthält keine Tabellen.

Anlagenverzeichnis

Anlagen sind nicht vorhanden.

1. Zusammenhang zwischen Persönlichkeit und Gesundheit

1.1 Erklärungsansätze

Es existieren viele verschiedene Modelle, die versuchen, das *Verhältnis zwischen der Persönlichkeit eines Menschen und dessen physischen, psychischen und sozialen Wohlbefindens* zu erklären. Dabei sind die folgenden Theorien nicht wiedersinnig, sondern können in Abhängigkeit von dem Individuum, der Gegebenheit, dem Verhalten und der tangierenden Persönlichkeitseigenschaft miteinander korrelieren.[1]

Persönlichkeitsmerkmale und Gesundheit weisen denselben Ursprung auf

Die Grundannahme der These eines gemeinsamen Ursprungs ist, dass die identischen biologischen Quellen zum einen für die Krankheit selbst und zum anderen für die Wesensart des Menschen ursächlich sind. Somit postuliert das Modell eine Korrelation zwischen Gesundheit und Persönlichkeit anstelle einer Kausalität der aufgeführten Aspekte. Als Beispiel hierfür kann die Entstehung eines *Magengeschwürs* genutzt werden, da der gleiche Erbfaktor sowohl für die physische Ausbildung der Erkrankung als auch für ein emotional instabiles Verhalten verantwortlich sein könnte. Darüber hinaus tritt eine *Krebserkrankung* häufig bei Personen auf, die ihre Emotionen unterdrücken, angepasst handeln und dadurch depressiv werden. In Bezug auf einen Typ-C-Charakter könnte dasselbe Gen eine bösartige Tumorentwicklung begünstigen sowie eine zurückgezogene affektarme Lebensweise fördern.[2]

Persönlichkeitsmerkmale können die Gesundheit als Ergebnisse von Handlungen prägen

Hierbei kann der Einfluss von Verhaltensweisen auf das körperliche, seelische bzw. soziale Wohlergehen eines Organismus direkt oder indirekt erfolgen. Wirkt sich ein Wesenszug unmittelbar auf die Gesundheit eines Menschen aus, könnte eine stark ausgeprägte *Besorgtheit* in einem exzessiven Drogenmissbrauch resultieren, damit das relevante Individuum seine negativen Gedanken und Gefühle besser unterdrücken kann. Ein weiteres Charaktermerkmal, das einen

---

[1] Vgl. Becker, 2014, S.26.
[2] Vgl. Rammsayer & Weber, 2005, S.526.

Rauschgiftmissbrauch begünstigt, ist eine intensive physische bzw. psychische *Anspannung.* Um den als unangenehm empfundenen Zustand zu beseitigen, könnte die betreffende Person Alkohol zur Erreichung eines ausgeglichenen Befindens konsumieren. Demgegenüber könnte ein sehr *perfektionistisches* Subjekt seine sozialen Beziehungen für eine lange Zeit vernachlässigen, weil es sein wissenschaftliches Projekt mit einer herausragenden Leistung abschließen möchte. Das Resultat der beschriebenen Persönlichkeitseigenschaft ist *Isolation,* wegen welcher das Individuum keinen außerhäuslichen Aktivitäten nachgeht und daher selten Entspannung erfährt. Demnach hat der perfektionistische Wesenszug eine indirekte Auswirkung auf die Gesundheit des Menschen. Jedoch kann die Detailverliebtheit ebenso einen gegenteiligen Effekt erzielen- beispielsweise wenn aufgrund der perfektionistischen Arbeitsweise an der beruflichen Aufgabe die *Kneipenbesuche am Wochenende vermieden* werden, damit das tangierende Subjekt die freien Wochentage maximal konzentriert zur Fertigstellung der wissenschaftlichen Arbeit nutzen kann.[3]

Persönlichkeitsmerkmale sind Produkte von Krankheiten

Das Modell vertritt die Auffassung, dass eine Vielzahl von Charaktereigenschaften das Ergebnis von Erkrankungen ist. Als Musterfall kann ein *Diabetesleiden* erachtet werden, da sich der Patient täglich den Wirkstoff injizieren muss und somit weniger spontan handeln kann als gesunde Menschen. Deshalb wirkt der Erkrankte auf andere Individuen langweilig und kontrolliert, obwohl sein Grundnaturell entspannt und abenteuerlustig ist. Darüber hinaus ist eine *Tumorbildung* häufig die Ursache für ein besorgtes Auftreten, denn die betroffene Person ist wegen der hohen Rückfallquote ihres überstandenen Leidens beunruhigt und denkt oft über die Folgen einer widerkehrenden Krankheit nach. Zudem können psychische Gebrechen zu Persönlichkeitsveränderungen führen. Exemplarisch für eine derartige Abwandlung kann eine *Depression* sein, die einen kontaktfreudigen Menschen in einen reservierten verwandelt. Neben einer Depression kann eine *paranoide Persönlichkeitsstörung* die Ursache für eine Charakterveränderung sein. Sie

---

[3] Vgl. Rammsayer & Weber, 2005, S.525-526.

äußert sich in einer gesteigerten Wachsamkeit, wobei der ursprünglich vertrauensvolle Mensch misstrauisch und schüchtern wird.[4]

1.2 Überblick über gesundheitsrelevante Persönlichkeitsmerkmale

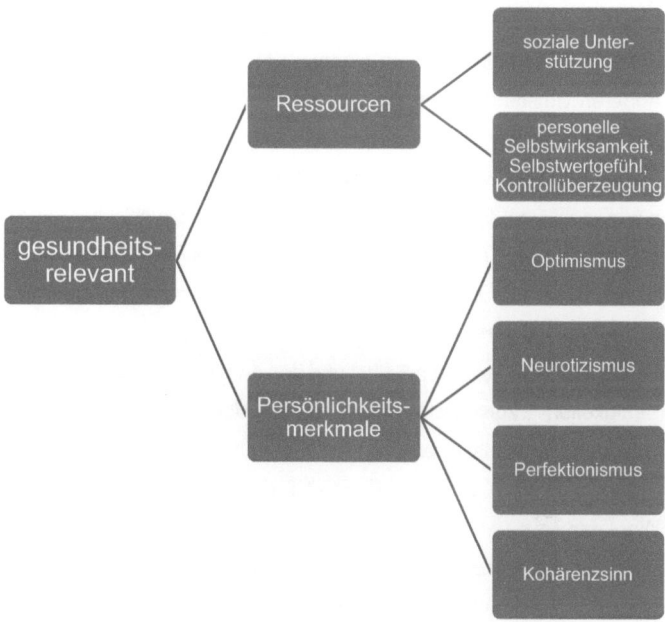

Gesundheitsrelevanten Persönlichkeitseigenschaften.[5]

Die dargestellte Grafik unterscheidet zwischen gesundheitsrelevanten Ressourcen und gesundheitsrelevanten Persönlichkeitsmerkmalen. Aufgrund der unter Abschnitt 3.3 durchgeführten Ressourcenanalyse, werden im folgenden Kapitel lediglich die Charakteraspekte Optimismus, Neurotizismus, Perfektionismus und Kohärenzsinn erläutert.[6]

---

[4] Vgl. Rammsayer & Weber, 2005, S.526-527.
[5] Eigene Darstellung, in Anlehnung an Becker, 2014, S.29-47.
[6] Vgl. Becker, 2014, S.29-47.

Ist ein Mensch überwiegend optimistisch eingestellt, hat das Auswirkungen auf zahlreiche Aspekte seines Lebens. Dabei umfasst das Konstrukt des Optimismus die *Ergebniserwartungen*, die *Attributionen* und die *Vorstellungen* eines Individuums. Betreffend der Ergebniserwartungen bewirkt eine stark ausgebildete Zuversicht, dass der Mensch generell von einer positiven Entwicklung der alltäglichen Gegebenheiten ausgeht. Ob er für die befriedigenden Resultate selbst verantwortlich ist oder sie zufällig eingetroffen sind, ist irrelevant. Dahingegen ist das Handlungsbewusstsein bei der Ursachenzuschreibung relevant, weil eine optimistische Person dazu neigt, positive Vorkommnisse ihren eigenen Fähigkeiten und negative Vorkommnisse äußeren Umständen zuzuweisen. In Bezug auf die persönlichen Vorstellungen nimmt ein positives Individuum sich selbst vorteilhafter wahr.[7] Aus den drei aufgeführten Entwürfen ist zu entnehmen, dass ein optimistischer Wesenszug einen *positiven Effekt* auf die physische und psychische Gesundheit eines Menschen hat. Trotzdem kann eine hoffnungsvolle Denkweise zu *negativen Ergebnissen* führen. Es ist hierbei zwischen einem funktionalen und einem defensiven Optimismus zu differenzieren, wobei der funktionale eine Idealisierung des eigenen Selbst und den damit verbundenen Kompetenzen bzw. Fertigkeiten zur Folge hat. Die Überbewertung der persönlichen Handlungsergebnisse animiert den Organismus dazu gesundheitsfördernde Verhaltensweisen wie zum Beispiel Radfahren oder Obstessen auszuführen. Wogegen ein defensiver Optimismus vorrangig durch Leugnen von Bedrohungen oder Realitätsverzerrungen gekennzeichnet ist. Exemplarisch dafür ist die weitverbreitete Ansicht von Rauchern, dass sie mit einer geringeren Wahrscheinlichkeit an Lungenkrebs erkranken werden.[8]

Neurotizismus bezeichnet emotionale Instabilität, die sich primär auf die *Beherrschung* und die *Stärke von Affekten* bezieht.[9] Die emotionale Labilität ist ein Faktor des Big Five Persönlichkeitsmodells und wird durch die Facetten *Ängstlichkeit, Reizbarkeit, Depression, soziale Befangenheit, Impulsivität* und *Verletzlichkeit* erfasst. Entsprechend der Facetten sind starke Ausprägungen *sozial unerwünscht*, während niedrige Ausprägungen *sozial erwünscht* sind.

[7] Vgl. Bodenmann, Jäncke, Petermann, Schütz & Wirtz, 2017, S.1210-1211.
[8] Vgl. Schwarzer, 1997, S.49.
[9] Vgl. Bodenmann, Jäncke, Petermann, Schütz & Wirtz, 2017, S.1180.

Begründet wird die gesellschaftliche Akzeptanz mit der erforderlichen *Anpassungsfähigkeit eines Individuums* in den diversen Lebensbereichen. Als Beispiel hierfür ist die Subskala „Reizbarkeit" geeignet, denn hohe Werte resultieren in einem launischen, gereizten und fragilem Verhalten, das für eine zufriedene Partnerschaft oder ein angenehmes Arbeitsleben ungeeignet ist. Eine starke Ausbildung von Impulsivität zeichnet sich durch inkonsequente, hedonistische und manipulierte Handlungen aus sowie eine intensive Verletzlichkeit zur Hypersensibilität und Stressanfälligkeit führt. Hieraus können problematische Verhaltensweisen im Familienalltag, im Freundeskreis, in der Sportgruppe oder im Arbeitsverhältnis entstehen. Hinsichtlich der Gesundheit verspüren neurotische Menschen häufig Schmerzen, die durch den Arzt physiologisch nicht nachgewiesen werden können. Im beruflichen Kontext haben emotional instabile Menschen oft Schwierigkeiten in Teams zusammenzuarbeiten, fühlen sich schnell inhaltlich bzw. mengenmäßig von der Arbeit überlastet und ändern in Folge dessen mehrfach den Arbeitsplatz.[10]

1.3 Implikationen für betriebliches Gesundheitsmanagement

Persönlichkeitsmerkmale sind *resistente bzw. überdauernde Handlungsabsichten* eines Individuums.[11] Somit ist es für Unternehmen unerlässlich sie in die Gestaltung ihrer Arbeitsprozesse miteinzubeziehen. Das betriebliche Gesundheitsmanagement beschäftigt sich unter anderem mit diesem Anliegen und versucht dadurch das *Wohlbefinden*, die *Leistungsfähigkeit* und die *Leistungsbereitschaft* der Beschäftigten zu stärken. Damit das gelingt, werden die *räumlichen, zeitlichen, sozialen, individuellen* und *organisatorischen Arbeitsumstände* untersucht und an die Bedürfnisse der Arbeitnehmenden angepasst.[12]

---

[10] Vgl. Asendorpf, 2019, Kapitel 4.2 Absatz 2.
[11] Vgl. Becker, 2014, S.19.
[12] Vgl. Bundesministerium für Gesundheit, 2018, S.1.

Mit Hinblick auf den Wesenszug Optimismus könnte das BGM die damit verbundenen positiven Eigenschaften nutzen und die betreffende Person einem *Team zu teilen, das überwiegend aus pessimistischen Persönlichkeiten besteht.* Die grundsätzlich positive Ergebniserwartung des hoffnungsvollen Teammitglieds, kann in einer Steigerung des Wohlbefindens sowie in einem Anstieg an Leistungsbereitschaft bzw. Leistungsfähigkeit der anderen Gruppenkollegen resultieren. Andererseits beeinflussen die weniger zuversichtlichen Teamkollegen den optimistischen im Aspekt der Selbstwahrnehmung positiv, da erwartungsfrohe Charaktere dazu neigen, sich selbst und ihre Fähigkeiten besser zu beurteilen als sie in Wirklichkeit sind. Des Weiteren wird ein defensiver Optimismus durch eine heterogene Gruppenzuordnung verhindert, weil durch die unterschiedlichen Persönlichkeiten auf die jeweiligen Defizite des anderen, in diesem Zusammenhang auf das Leugnen von Arbeitsschwierigkeiten, hingewiesen werden.[13]

Ist ein Beschäftigter emotional instabil, muss das BGM andere Maßnahmen zur Gesundheits- bzw. Leistungsförderung einsetzen. Eine Möglichkeit wäre die *Unterbringung in einem Einzel- bzw. Zweierbüro,* denn neurotische Menschen benötigen mehr Ruhe bei der Bearbeitung ihrer Aufgaben. Zudem entstehen häufig Auseinandersetzungen zwischen ihnen und den anderen Angestellten, da sie sehr sensibel und verletzlich sind. Um eine inhaltliche bzw. mengenmäßige Überforderung zu vermeiden, könnte die betreffende Person einer *überdurchschnittlich leistungsstarken Arbeitsgruppe zugeteilt werden*, damit sie bei Bedarf angemessen unterstützt wird. Eine andere Idee ist die Einführung eines *persönlichen Arbeitsbetreuers*, der speziell für den emotional labilen Mitarbeiter zuständig ist. Seine Anliegen können sowohl beruflicher als auch persönlicher Art sein. Darüber hinaus könnten die neurotischen Beschäftigten zu einer *wöchentlichen Sportstunde* verpflichtet werden. Der Hintergrund ist, dass regelmäßige körperliche Aktivität zur Entspannung des Geistes beiträgt, wodurch die Reizbarkeit des Menschen sinkt und er verträglicher im sozialen Umgang wird.[14]

---

[13] Vgl. Bodenmann, Jäncke, Petermann, Schütz & Wirtz, 2017, S.1210-1211.
[14] Vgl. Asendorpf, 2019, Kapitel 4.2 Absatz 2.

2. Selbstwirksamkeit als Prädikator für Ziele und Verhalten

2.1 Selbstwirksamkeit allgemein

Das Konstrukt der Selbstwirksamkeit basiert auf den Überlegungen von Albert Bandura (1986)- es beschreibt die subjektive *Überzeugung einer Person, schwierige bzw. neue Aufgaben aufgrund der eigenen Fähigkeiten erfolgreich bewältigen zu können.* Dabei wirkt sich die Selbstwirksamkeitserwartung sowohl auf die Gedanken und die Gefühle als auch auf die Handlungen des Menschen aus: [15]

Wirkung Selbstwirksamkeitserwartung.[16]

Somit setzen sich selbstwirksame Individuen höhere Ziele, wagen die Bearbeitung von schwierigen Aufgaben und sind resistent gegenüber Misserfolgen bzw. Rückschlägen. Bei der Verfolgung ihrer Ambitionen intensivieren sie ihre Anstrengungen und weisen eine große Ausdauer auf. Im Gegensatz dazu bevorzugen Personen mit einer geringen Selbstwirksamkeitsausprägung niedrige Zielsetzungen und simple Tätigkeiten. Begründet wird dieses Verhalten durch die Angst vor einem befürchteten Misserfolg. Zudem sind Organismen mit einer geringen Selbstwirksamkeit infolge ihrer Aufgabenerledigung schnell erschöpft und strengen sich währenddessen weniger an.[17]

Die Selbstwirksamkeitserwartung steht im Zusammenhang mit der Selbstregulation, welche für ein zufriedenes und erfülltes menschliches Leben bedeutend ist.[18] Daher führen selbstwirksame Individuen *befriedigende soziale Beziehungen, erkranken seltener an psychischen Störungen, erzielen schulische*

---

[15] Vgl. Bodenmann, Jäncke, Petermann, Schütz & Wirtz, 2017, S.1527.
[16] Eigene Darstellung, in Anlehnung an Knoll, Rieckmann & Scholz, 2011, S.28.
[17] Vgl. Bodenmann, Jäncke, Petermann, Schütz & Wirtz, 2017, S.1527.
[18] Vgl. Knoll, Rieckmann & Scholz, 2011, S.28.

und berufliche Erfolge, meistern schneller kritische Lebenssituationen und führen vermehrt gesundheitsfördernde Verhaltensweisen aus.[19]

Ob sich ein Mensch als selbstwirksam betrachtet, ist von vier verschiedenen Faktoren abhängig:

Eigene Erfahrung

Das Meistern von anspruchsvollen Herausforderungen durch die Anwendung von eigenen Kompetenzen und Fertigkeiten ist die *stärkste Quelle,* aus der eine hohe Selbstwirksamkeitserwartung entsteht. Hierbei ist es wichtig, dass der Organismus den erlebten Erfolg auf die persönlichen Fähigkeiten zurückführt (=internale Attribution). Wird ein Gelingen äußeren Faktoren wie Glück oder Zufall zugeschrieben (=externale Attribution), steigert sich die Selbstwirksamkeitserwartung nicht.[20]

Stellvertretende Erfahrung

Albert Bandura hat die Lerntheorie des Beobachtungslernens konzipiert, auf dessen Grundlagen die zweite Quelle der Selbstwirksamkeit beruht. Während bei dem zuvor erläuterten Faktor der Schwerpunkt auf der persönlichen Erfahrung des Individuums liegt, reicht beim Modelllernen die Beobachtung eines erfolgreichen Handelns aus, um die Selbstwirksamkeit eines Menschen zu erhöhen. Entscheidend für die Entstehung eines derartigen Prozesses ist eine wahrgenommene *Ähnlichkeit zwischen Beobachter und Modell.* Vergleichsaspekte könnten das Alter, der Bildungsstand, der Beruf oder die physische Attraktivität der zwei Personen sein.[21]

Symbolische Erfahrung

Die Quelle der symbolischen Erfahrung wird durch die soziale Unterstützung für das betreffende Individuum dargestellt. Daher erfährt der Mensch Zuspruch in *emotionaler oder materieller Form* von seinem persönlichen Umfeld. Wobei eine emotionale Unterstützung durch eine Unterhaltung mit einer nahestehenden Person, die die persönlichen Fähigkeiten des Zweifelnden hervorhebt, erfolgen

---

[19] Vgl. Bodenmann, Jäncke, Petermann, Schütz & Wirtz, 2017, S.1527.
[20] Vgl. Knoll, Rieckmann & Scholz, 2011, S.29.
[21] Vgl. Knoll, Rieckmann & Scholz, 2011, S.29.

kann. Hingegen könnte eine materielle Hilfeleistung die monatliche finanzielle Unterstützung beim Absolvieren des Studiums sein.[22]

Physiologische Reaktionen

Als *schwächste Ursache* für die Entwicklung einer Selbstwirksamkeitserwartung ist eine körpereigene Erregung zu bewerten. Dennoch signalisieren sie dem Individuum, ob es sich die Bewältigung der anstehenden *Herausforderung zutraut oder nicht*. Physiologische Reaktionen können beispielsweise eine erhöhte Darmtätigkeit, starkes Schwitzen, plötzlicher Harndrang, vertiefte Atmung oder auftretende Hautrötungen sein. Treten die aufgelisteten Körpersignale intensiv, lange und häufig bei einer Person auf, die eine neue oder schwierige Aufgabe absolvieren muss, wird sie in diesem Zusammenhang eine niedrige Selbstwirksamkeitserwartung ausbilden.[23]

2.2 Bedeutung der Selbstwirksamkeitserwartung für die Erstellung der Bachelorthesis

Hat ein Mensch Vertrauen in seine persönlichen Fähigkeiten, wirkt sich das auf *viele Bereiche seines täglichen Lebens positiv* aus. Wie bereits unter Abschnitt 1.1 aufgezeigt wurde, hat eine hohe Selbstwirksamkeitserwartung Einfluss auf den *schulischen bzw. beruflichen Erfolg* einer Person. Die Anfertigung einer Bachelorthesis als abschließende Herausforderung eines Studiums ist mit diesem Teilbereich verbunden.[24]

Eine ausgeprägte Selbstwirksamkeitserwartung resultiert in ein einer hohen Ambitionsausrichtung. Für die Erstellung der Bachelorarbeit bedeutet das das *Anstreben einer guten bzw. einer sehr guten Leistung* des Studierenden. Gelingt ihm das nicht, wird er unzufrieden sein. Darüber hinaus werden selbstwirksame Hochschüler die *Bearbeitung von schwierigen Themen*, die ein hohes Maß an Motivation und Konzentration erfordern, gegenüber einfachen

---

[22] Vgl. Knoll, Rieckmann & Scholz, 2011, S.30.
[23] Vgl. Knoll, Rieckmann & Scholz, 2011, S.30.
[24] Vgl. Bodenmann, Jäncke, Petermann, Schütz & Wirtz, 2017, S.1527.

Aufgabenstellungen bevorzugen. Unter Berücksichtigung des Aufgabenniveaus ist die *hohe Frustrationsschwelle* von selbstwirksamen Individuen relevant, da sie die Studierenden bei der Verarbeitung von Rückschlägen in Form von einer unbefriedigenden Quellenrecherche, einer auftretenden technischen Schwierigkeit oder einem privaten Problem unterstützt. Durch die stark ausgebildete Toleranz gegenüber Rückschlägen gelingt es selbstwirksamen Hochschülern schneller, zur ihrer ursprünglichen *Motivation zurückzufinden*. Ein weiterer bedeutsamer Aspekt für die Anfertigung der Bachelorthesis ist die erhöhte *Anstrengungsintensität*, die mit dem Vertrauen in die eigenen Fähigkeiten im Zusammenhang steht. Daher versuchen selbstwirksame Studierende stets das Maximale zu leisten, weshalb sie andauernder nach aktueller bzw. geeigneter Literatur suchen, die wissenschaftliche Arbeit häufiger Korrekturlesen lassen, bereit dazu sind ein Synonymwörterbuch zu verwenden und vermehrt die Rücksprache mit dem betreuenden Dozenten in Bezug auf das Exposé bzw. der Gliederung suchen. Außerdem bedingt eine starke Selbstwirksamkeitserwartung eine *hohe Ausdauer* bei der Bearbeitung der Abschlussarbeit. Dementsprechend erstellen selbstwirksame Hochschüler bevorzugt Pläne über die schrittweise Anfertigung der Bachelorthesis. Die Konzepte können sich auf die zu führenden Gesprächstermine mit dem Professor, auf die Zeiten der Literaturrecherche oder auf die Schreibphasen beziehen. Hat ein Studierender eine hohe Selbstwirksamkeitserwartung, gelingt es ihm im Regelfall die Organisation diszipliniert einzuhalten. Aus all dem ist zu schließen, dass die Überzeugung schwierige bzw. neue Aufgaben aufgrund der eigenen Anlagen meistern zu können, in einer qualitativ hochwertigen Bachelorarbeit resultiert.[25]

Demgegenüber setzen sich Lernende mit einer geringen Selbstwirksamkeitserwartung niedrigere Ziele, somit genügt ihnen eine *befriedigende oder ausreichende Leistung* als Ergebnis ihrer Bemühungen. Die Hauptintention ist das generelle Bestehen der Abschlussarbeit. Zudem wirkt sich das mangelnde Vertrauen in die persönlichen Kompetenzen und Fertigkeiten auf die Wahl des Bearbeitungsthemas aus- häufig wird ein vergleichbar *einfaches Fachgebiet* ermittelt, zu dem die betreffende Person bereits ein fundamentales

---

[25] Vgl. Bodenmann, Jäncke, Petermann, Schütz & Wirtz, 2017, S.1527.

Wissen besitzt. Darüber hinaus ist der aktuelle Kenntnisstand der selektierten Disziplin eindeutig und lässt keine Möglichkeit zur Ermessensausübung. Da eine niedrige Selbstwirksamkeitserwartung mit einer *unterentwickelten Fähigkeit zur Misserfolgsverarbeitung* verbunden ist, benötigen Studierende eine lange Regenerationszeit, um unerwartete Rückschläge bei der Anfertigung der Bachelorthesis überstehen zu können. Hieraus entsteht häufig Zeitdruck bei der Themenbearbeitung, der eine geringere Arbeitszufriedenheit und eine inkonstante Leistungsmotivation zur Folge hat. Zusätzlich bedingt ein mangelndes Vertrauen in die eigenen Fähigkeiten eine *schwache Ausprägung der Anstrengungsintensität*. Hinsichtlich der Erstellung der Abschlussarbeit zieht das einen durchschnittlichen Arbeitseinsatz nach sich. Beispielsweise werden die betreffenden Studiereden dazu neigen aus einer Vielzahl von geeigneter Literaturquellen, die erste bzw. unkomplizierteste auszuwählen. Des Weiteren wird die wissenschaftliche Arbeit vermutlich ein einziges Mal korrekturgelesen und der Austausch mit dem betreuenden Dozenten wird aufgrund der Befürchtung vor zu vollziehenden Änderungen, die zu einem vermehrten Zeitaufwand führen, unterlassen. Der Aspekt der niedrigen Anstrengungsintensität ist stark mit der *Beharrlichkeit* eines Menschen verbunden. Für die Erstellung der Bachelorthesis bedeutet das, dass die Anfertigung und Erfüllung der organisierten Pflichten von Hochschülern mit einer geringen Selbstwirksamkeitserwartung lediglich teilweise umgesetzt werden, weil sie dazu neigen an unmotivierten Tagen, ihrer Unlust nachzugeben und sich anderen Aktivitäten zuzuwenden. Schlussfolgernd ist eine qualitativ durchschnittliche bzw. unterdurchschnittliche wissenschaftliche Arbeit das Ergebnis von Lernenden, die von ihren Fähigkeiten nicht überzeugt sind.[26]

---

[26] Vgl. Bodenmann, Jäncke, Petermann, Schütz & Wirtz, 2017, S.1527.

2.3 Verbesserung der Selbstwirksamkeitsüberzeugung in Bezug auf die Anfertigung der Bachelorarbeit

Unter Kapitel 2.1 wurden die verschiedenen Quellen, aus denen eine Selbstwirksamkeitsüberzeugung entsteht, aufgelistet. Die folgende Abbildung stellt eine Zusammenfassung dieser dar:

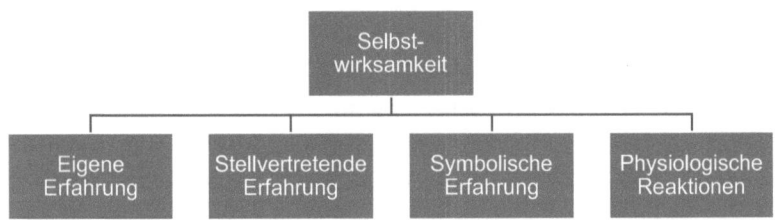

Quellen der Selbstwiksamkeitsüberzeugung.[27]

Die wichtigste Ursache für die Ausbildung von Vertrauen in die individuellen Befähigungen ist das erfolgreiche Ausführen einer Handlung. Aufgrund dessen sollte der Studierende *internal attribuierte Erfolgserlebnisse aus seinem Gedächtnis abrufen*. Dabei wird ihm bewusst, dass er bereits eine Vielzahl von neuen bzw. anspruchsvollen Lebensaufgaben bewältigt hat. Am stärksten ist die umschriebene Wirkung, wenn die erinnerte Errungenschaft *inhaltliche Ähnlichkeiten mit der neuen Herausforderung* aufweist. Hinsichtlich der Bachelorarbeiterstellung könnten studentische Erfolge wie zum Beispiel das generelle Erzielen von guten bis sehr guten Leistungen in den diversen Hausarbeiten oder berufliche Erfolge wie zum Beispiel die Bewältigung von Aufgaben mit einem wissenschaftlichen Anspruch als Vergleichsobjekt genutzt werden.[28]

Im Vergleich zu einer eigenen Erfahrung ist eine stellvertretende Erfahrung zur Steigerung der Selbstwirksamkeitserwartung weniger effektiv. Gleichwohl kann sie vom Hochschüler diesbezüglich genutzt werden, indem *er Familienmitglieder,*

---

[27] Eigene Darstellung, in Anlehnung an Becker, 2014, S.75-76.
[28] Vgl. Knoll, Rieckmann & Scholz, 2011, S.29.

Freunde, Bekannte oder Arbeitskollegen, die bereits erfolgreich ein Bachelorstudium absolviert haben und *Gemeinsamkeiten* bezüglich dem Alter, dem Bildungsstand, der Intelligenz oder der Persönlichkeit aufzeigen, als *Kriterium* für seine eigenen Fähigkeiten verwendet.[29]

Wird eine symbolische Erfahrung als Faktor zur Erhöhung der Selbstwirksamkeitsüberzeugung eingesetzt, ist die Ergebnisstärke hierarchisch unter der eigenen bzw. stellvertretenden Erfahrung einzuordnen. Demungeachtet hat sie einen Einfluss auf die Selbstwirksamkeitserwartung eines Menschen und kann damit verbunden zur Verbesserung einer wissenschaftlichen Arbeit beitragen. Bei der symbolischen Erfahrung ist zwischen einer emotionalen Unterstützung und einer materiellen Unterstützung zu differenzieren, wobei erstere zusätzlich als ein direktes bzw. ein indirektes Erlebnis kategorisiert werden kann. Ein direkter emotionaler Beistand kann durch eine *Unterhaltung mit einem nahestehenden Menschen* erfolgen, der dem Lernenden Mut zuspricht und auf seine tangierenden Persönlichkeitseigenschaften wie Ausdauer, Ehrgeiz und Willensstärke hinweist. Hingegen könnte ein indirekter emotionaler Beistand die *Bitte von einem Freund* sein, ihn bei der Anfertigung seiner Hausarbeit zu unterstützen. Dadurch werden dem Studierenden implizit gute Kenntnisse sowie fachliches Wissen zum Verfassen einer wissenschaftlichen Arbeit unterstellt. Erhält der Hochschüler materielle Hilfeleistungen von einem Elternteil oder seinem Lebenspartner, kann er diese als Wertschätzung und Anerkennung seiner Kompetenzen interpretieren. Denn würde die unterstützende Person davon ausgehen, dass ihre Förderung ergebnislos bleibt, wäre sie nicht bereit sie zu leisten. Die materielle Unterstützung könnte beispielsweise durch die *Übernahme der Studiengebühren* oder den *Kauf eines Automobils*, das eine schnellere, flexiblere und unkompliziertere Erreichung der Präsenzveranstaltungen bzw. Klausurterminen ermöglicht, erfolgen.[30]

Als schwächste Quelle zur Steigerung der Selbstwirksamkeitsüberzeugung sind die physiologischen Reaktionen zu bewerten. Werden sie nichtsdestotrotz als Instrument zur Erhöhung der Selbstwirksamkeitserwartung genutzt, muss das relevante Individuum die Intensität, die Länge und die Häufigkeit seiner damit

---

[29] Vgl. Knoll, Rieckmann & Scholz, 2011, S.29.
[30] Vgl. Knoll, Rieckmann & Scholz, 2011, S.30.

verbundenen Körpersignale überprüfen. In Bezug auf die Intensität, kann sich der Lernende bewusst machen, dass ein *leichtes Schwitzen und eine vertiefte Atmung in der Einstiegsphase zur Bewältigung einer neuen bzw. anspruchsvollen Aufgabe normal* sind und keine Indikatoren für seine zukünftige Leistung darstellen. Zudem könnte er die Länge der physiologischen Reaktion kontrollieren, wobei *Harndrang oder Stuhlgang kurz vor dem Beginn einer wichtigen Aufgabe üblich* sind und nicht zur Bewertung der persönlichen Fähigkeiten genutzt werden sollten. Das letzte Unterscheidungsmerkmal ist die Häufigkeit, mit der die organische Reaktion zusammen mit der anspruchsvollen Situation auftritt. Wie bereits unter dem Aspekt der Länge aufgeführt wurde, ist das Auftreten von als *unangenehm empfundenen Körpersignalen am Anfang eines neuen und schwierigen Problemlöseprozesses als normal zu klassifizieren-* diese Gewissheit kann der Studierende nutzen, um auftretende Zweifel an seinen Qualifikationen zu unterbinden.[31]

3. Stressbewältigung unter Einsatz von persönlichen Ressourcen

3.1 Stress allgemein

Stress ist das *Produkt von inneren bzw. äußeren Reizen, die auf einen Menschen einwirken und seine Balance stören. Dadurch entsteht beim Organismus ein Zustand der Anspannung und des Drucks, da die tangierenden Stimuli die Fähigkeiten zur Bewältigung der Situation stark belasten oder überschreiten.*[32]

Die relevanten Reize werden als Stressoren bezeichnet- hierbei werden *chemische* (z.B. Drogen), *physikalische* (z.B. Hitze, Kälte, Lärm), *psychische* (z.B. Unsicherheit, Zeitdruck, Prüfungssituationen) und *soziale* (z.B. Isolation, Gruppendruck, Meinungsverschiedenheiten) Stressoren unterschieden.[33]

In Abhängigkeit von den *genetischen, biologischen und psychischen Anlagen* des betroffenen Individuums sowie dessen *aktuelle psychische bzw. physische*

---

[31] Vgl. Knoll, Rieckmann & Scholz, 2011, S.30.
[32] Vgl. Küch, Mai, Pimmer, Schmucker & Theissing, 2008, S.30.
[33] Vgl. Beckmann & Wippert, 2009, S.93.

Beschaffenheit werden die wahrgenommenen Reize als Herausforderung (Eustress- positiver Stress) oder als Überforderung (Distress- negativer Stress) bewertet.[34]

Darüber hinaus divergieren primäre Stressoren und sekundäre Stressoren, wogegen primäre Reize die *Ursachen* für den entstandenen Stress und sekundäre Reize die *Folgen* des entstandenen Stresses darstellen.[35]

3.2 Transaktionales Stressmodell

Das Stressmodell von Lazarus und Folkmann ist eines der bedeutendsten, weil es erklärt, warum das *Stresserleben abhängig von dem tangierenden Subjekt* ist. Aufgrund der Verschiedenartigkeit der Menschen, bewertet jedes Individuum eine Situation anders. Zunächst erfolgt eine primäre Beurteilung des Sachverhalts, in welcher überprüft wird, ob das Wohlergehen gefährdet ist. Ist es das nicht, kann die Situation entweder als unbedeutend oder als begünstigend wahrgenommen werden. Wogegen eine als *gefährdend eingestufte Gegebenheit, Gefühle wie Schädigung, Verlust, Bedrohung oder Herausforderung erzeugen kann.*[36] Der primäre Bewertungsprozess, dessen Ergebnis die Gefahr ist, bedingt den erforderlichen Ressourceneinsatz des Individuums. In einem sekundären Bewertungsprozess wird untersucht, *inwieweit die zur Verfügung stehenden Ressourcen zur Bewältigung der kritischen Situation geeignet sind.* Werden die persönlichen Fähigkeiten zur Anforderungsmeisterung als unzureichend eingestuft, entsteht bei der betreffenden Person Stress, da sie der Auffassung ist, dass ihr Wohlergehen in Gefahr ist und sie sich nicht dagegen wehren kann.[37] Die damit verbundenen Bewältigungsstrategien können problem- oder emotionsbezogen erfolgen. Zumeist werden beide Techniken zur Stressreduktion angewendet, wobei eine von ihnen inhaltlich überwiegt und danach bezeichnet wird. Beim

---

[34] Vgl. Beckmann & Wippert, 2009, S.93.
[35] Vgl. Beckmann & Wippert, 2009, S.93.
[36] Vgl. Berufsgenossenschaft für Gesundheitsdienst und Wohlfahrtspflege, 2014, S.10.
[37] Vgl. Berufsgenossenschaft für Gesundheitsdienst und Wohlfahrtspflege, 2014, S.11.

problembezogenen Coping steht das *stressauslösende Problem* im Fokus- während beim emotionsbezogenen Coping die *ausgelösten Emotionen* zentral sind:[38]

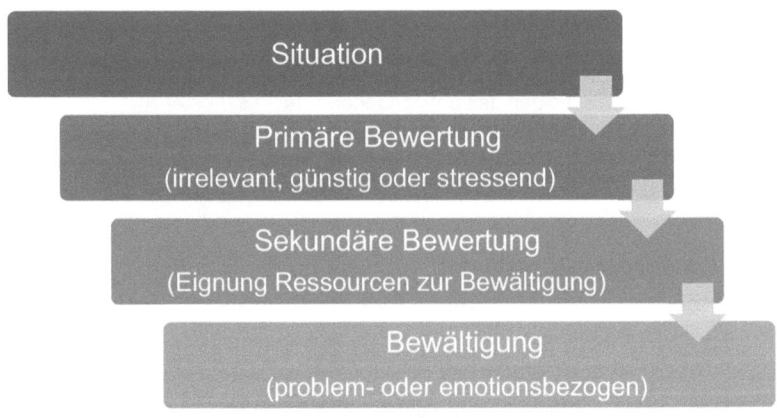

Transaktionales Stressmodell.[39]

3.3 Opportune Ressourcen für ein angemessenes Copingverhalten

Unter Kapitel 3.2 wurde aufgeführt, dass die Strategien zur Stressbewältigung in zwei Funktionsweisen zu unterteilen sind. Neben dem problembezogenen und dem emotionsbezogenen Coping, werden zum einen vier Bewältigungsarten und zum andern vier Bewältigungsintentionen differenziert. Hinsichtlich der Copingarten hat der Mensch verschiedene Möglichkeiten: *Datenermittlung, Handlungsvollzug, Handlungsunterlassung* und *innerpsychische Auseinandersetzung*, um das Spannungsgefühl aufzulösen. Darüber hinaus verfolgen Individuen verschiedene Absichten in Bezug auf den Stressabbau. Manche Menschen reduzieren Stress aufgrund einer angestrebten *Affektregelung*, wohingegen andere das stressauslösende *Problem in ihrer Umwelt beseitigen* möchten. Zudem ist es möglich, dass Organismen vorranging

---

[38] Vgl. Bodenmann, Jäncke, Petermann, Schütz & Wirtz, 2017, S.359.
[39] Eigene Darstellung, in Anlehnung an Vgl. Berufsgenossenschaft für Gesundheitsdienst und Wohlfahrtspflege, 2014, S.10.

ihr *Selbstwertgefühl stärken* oder eine *intakte zwischenmenschliche Beziehung wiederherstellen* wollen.[40]

Da der Mensch in vielen Bereichen seines täglichen Lebens mit Stress konfrontiert wird, muss er adäquate Techniken zu dessen Reduktion anwenden. Ein relevanter Aspekt im Alltag des Individuums sind zwischenmenschliche Beziehungen. Besonders in einer Partnerschaft gibt es vermehrt Konflikte, die Spannungsgefühle bei den Beteiligten auslösen. Als *häufige Ursache für eine Auseinandersetzung zwischen den Partnern ist die Eifersucht* zu bewerten. Damit der eifersüchtige Lebensgefährte seinen Stress bewältigen kann, muss er entweder seine Affekte regulieren oder das Ursprungsproblem, das für seine Gefühle verantwortlich ist, lösen. Ist ein Freund des Partners der Grund für seine Eifersucht, kann er versuchen die negativen Emotionen intrapsychisch durch eine Umdeutung zu überwinden. Beispielsweise könnte er die *Bedrohung durch einen anderen attraktiven Menschen, als Chance für einen Test ihrer Liebe* betrachten, die bei erfolgreichem Bestehen als gefestigt zu beurteilen ist (= emotionsbezogenes Coping). Demgegenüber könnte er aktiv handeln, indem er seiner Lebenspartner darum *bittet, den als gefährdend interpretierten Freund nicht mehr zu treffen* (= problembezogenes Coping). Gleichbedeutend in Bezug auf die Stressentstehung sind neben den sozialen Bindungen, die beruflichen Strukturen einzuschätzen. Häufig sind *Konkurrenzsituationen zwischen Teammitgliedern* der Auslöser für ein Stressempfinden der Beteiligten. Um den Druckzustand zu beenden, hat der Mensch die Möglichkeit durch passives Handeln den *Wettkampf nicht anzunehmen* und auf diese Weise den Stress zu reduzieren (= problembezogenes Coping). Entscheidet er sich für eine intrapsychische Überwindung, kann er die bedrohliche Situation zurückweisen, in dem die *Anzeichnen für einen beginnenden Konkurrenzkampf als gewöhnliche Handlungen des Teammitglieds eingestuft* werden (= emotionsbezogenes Coping).[41]

Während der transaktionale Ansatz von Lazarus und Folkmann überwiegend die kognitiven Bewertungsprozesse thematisiert, bilden im Modell von Hobfoll die einem Individuum zugänglichen Stressbewältigungsressourcen den

---

[40] Vgl. Becker, 2014, S.28.
[41] Vgl. Bodenmann, Jäncke, Petermann, Schütz & Wirtz, 2017, S.359.

Schwerpunkt. In seiner Theorie unterscheidet er zwischen personellen und sozialen Ressourcen.[42] Zu den persönlichen Fähigkeiten, die ein wirkungsvolles Copingverhalten begünstigen, zählen die *Selbstwirksamkeitserwartung*, die *Kontrollüberzeugung* und das *Selbstwertgefühl*. Die Selbstwirksamkeitsüberzeugung wurde bereits unter Kapitel 2 erläutert und ist demnach als Überzeugung des Individuums definiert, neue bzw. schwierige Aufgaben durch den Einsatz eigener Anlagen meistern zu können. Dementgegen bezeichnet die Kontrollüberzeugung den Glauben des Menschen daran, sein Leben selbst kontrollieren und somit die Ereignisse seiner Umwelt beeinflussen zu können. Das Selbstwertgefühlt stellt die unbewusste Bewertung des eigenen Selbst dar. Betreffend der sozialen Ressourcen ist das Konstrukt *der sozialen Unterstützung* für ein erfolgreiches Coping essenziel.[43] Unter einer sozialen Unterstützung sind Aspekte wie die soziale Integration, die Existenz von unterschiedlichen Formen von Unterstützung und die Qualität der Beziehungen aufzulisten.[44]

In dem aufgeführten Beispiel des *Eifersuchtsproblems in einer Liebesbeziehung* können sowohl die persönlichen Ressourcen als auch die sozialen Ressourcen den betreffenden Partner bei der Stressbewältigung unterstützen. Dabei kann eine hohe Selbstwirksamkeitsüberzeugung hinsichtlich der intrapsychischen Umdeutung ein Tolerieren des angespannten Zustands begünstigen, weil die *eifersüchtige Partei sich über ihre Stärken in druckreichen Situationen bewusst* ist. Zudem kann eine gesteigerte Selbstwirksamkeitserwartung den neiderfüllten Partner zu einer *überzeugenden Argumentation über die Vorteile des Kontaktabbruchs für die Beziehung* animieren, da er seine rhetorischen Fähigkeiten hoch einschätzt. Bezogen auf die Kontrollüberzeugung ist eine internale zur Regulation der Missgunstgefühle dienlich. Denn der eifersüchtige Lebenspartner weiß, dass er durch die *Adaption seiner Emotionen an den gegenwärtigen Zustand, die Beziehung stärken* kann. Darüber hinaus unterstützt eine internale Kontrollüberzeugung den neiderfüllten Lebensgefährten beim *Aufbau des für das klärende Gespräch erforderlichen Mutes*, weil er sich über die Möglichkeiten zur situativen Einflussnahme bewusst ist. Ein positives

---

[42] Vgl. Beckmann & Wippert, 2009, S.156.
[43] Vgl. Schwarzer, 1997, S.320-321.
[44] Vgl. Schwarzer, 1997, S. 330-331.

Selbstwertgefühl fördert zum einen die *innerpsychische Abwandlung der bedrohlichen Situation* und zum anderen den *Beginn einer informativen Unterhaltung.* Ursächlich dafür ist, dass das relevante Individuum sich als begehrenswert und attraktiv bewertet, weshalb es von der Standfestigkeit seines Partners bei möglichen Avancen überzeugt ist. Speziell bei der Führung des klärenden Gesprächs ist der eifersüchtige Beziehungspartner der Ansicht, sein Anliegen würde akzeptiert werden, weil sein Partner die Beziehung mit ihm nicht gefährden möchte. Die Quelle der sozialen Unterstützung kann bei der Umdeutung des Sachverhalts sowie bei der Eröffnung der zweckmäßigen Auseinandersetzung in Form eines emotionalen Beistands durch den *Freundeskreis oder eine Ratserfragung bei einem Elternteil* erfolgen. Im *beruflichen Kontext* können die gleichen Ressourcen dem Menschen bei der intrapersonalen Druckbeseitigung assistieren. Die Überzeugung neue bzw. schwierige Gegebenheiten durch den Einsatz persönlicher Kenntnisse und Fertigkeiten bewerkstelligen zu können, würde dem im Beispiel aufgeführten Angestellten dabei unterstützen, den *Konkurrenzkampf anzunehmen* anstatt ihn zu leugnen oder nicht auf ihn einzugehen. Hingegen resultiert sein Glaube zur Beeinflussung der Außenwelt in die unterlassene Kampfbereitschaft, da er der Auffassung ist, er könne dadurch den *beginnenden Konkurrenzkampf unterbinden.* Bezüglich der aufgeführten intrapsychischen Auseinandersetzung hat die internale Kontrollüberzeugung *keinen Einfluss auf sein Handeln*, sonst würde er die Bedrohung nicht leugnen. Ein positives Selbstwertgefühl könnte die Ursache für die mangelnde Kampfbereitschaft des Beschäftigten sein, denn er *genügt sich selbst und ist aufgrund dessen nicht auf eine externe Bestätigung seiner Person durch Arbeitsleistung angewiesen.* Um sein günstiges Selbstwertgefühl zu schützen, hat er sich dafür entschieden, die Wettkampfsituation zu leugnen, um nicht mit möglichen Defiziten seiner beruflichen Qualifikationen konfrontiert zu werden. Das theoretische Gebilde der sozialen Unterstützung kann im aufgezeigten beruflichen Szenario, entweder als *Zuspruch von befreundeten Arbeitskollegen bei der Leugnung der gefährdeten Situation* oder als *Unterstützung bei der Handlungsunterlassung durch den Lebenspartner* dargestellt werden.[45]

---

[45] Vgl. Schwarzer, 1997, S.320-321 bzw. S.330-331.

Literaturverzeichnis

Asendorpf, J. B. (2019), Persönlichkeitspsychologie für Bachelor, 4. Aufl., Berlin Heidelberg.

Becker, B. (2014), Grundlagen der Differentiellen und Persönlichkeitspsychologie, 1. Aufl., Studienbrief der SRH Fernhochschule, Riedlingen.

Becker, B. (2014), Praxisfelder der Differentiellen und Persönlichkeitspsychologie, 1. Aufl., Studienbrief der SRH Fernhochschule, Riedlingen.

Beckmann, J. & Wippert, P.-M. (2009), Stress und Schmerzursachen verstehen, 1. Aufl., Stuttgart.

Berufsgenossenschaft für Gesundheitsdienst und Wohlfahrtspflege (2014): BGW Stresskonzept- Das arbeitspsychologische Stressmodell, https://www.bgw-online.de/SharedDocs/Downloads/DE/Medientypen/Wissenschaft-Forschung/BGW08-00-000_Stresskonzept_Das_arbeitspsychologische_Stressmodell_Download.pdf?__blob=publicationFile, abgerufen am 02.04.2019.

Bodenmann, G., Jäncke, L., Petermann, F. & Schütz, A. (2017), Dorsch-Lexikon der Psychologie. In: Wirtz, A. (Hrsg.), Coping-Neurotizismus-Optimismus-Selbstwirksamkeitserwartung, 18. Aufl., Bern, S.359 bzw. S.1180 bzw. S.1210 bzw. 1527.

Bundesministerium für Gesundheit (2018): Betriebliche Gesundheitsförderung- Was steckt dahinter?, https://www.bundesgesundheitsministerium.de/themen/praevention/betriebliche-gesundheitsfoerderung/was-steckt-dahinter.html, abgerufen am 25.03.2019.

Knoll, N., Rieckmann, N. & Scholz, U. (2011), Einführung Gesundheitspsychologie, 2. Aufl., München.

Küch, D., Mai, B., Pimmer, V., Schmucker, D. & Theissing, J. (2008), Belastung Stress Burnout- Therapie und Prävention, 1. Aufl., Bonn.

Rammsayer, T. & Weber, H. (2005), Handbuch der Persönlichkeitspsychologie und der Differentiellen Psychologie, 1. Aufl., Göttingen.

Schwarzer, R. (1997), Gesundheitspsychologie, 2. Aufl., Göttingen.

BEI GRIN MACHT SICH IHR WISSEN BEZAHLT

- Wir veröffentlichen Ihre Hausarbeit,
  Bachelor- und Masterarbeit

- Ihr eigenes eBook und Buch -
  weltweit in allen wichtigen Shops

- Verdienen Sie an jedem Verkauf

Jetzt bei www.GRIN.com hochladen und kostenlos publizieren